AF585879

POEME HEROIQUE. AU ROY

M. DC. LXXXIX

POEME HEROIQUE.

AU ROY

LOUIS le plus vaillant des Monarques du Monde,
Toûjours Victorieux sur la Terre & sur l'Onde,
Genereux dans la Guerre, & benin dans la Paix,
Mon Genie à son tour va chanter tes hauts faits.
Que l'illustre B... me fasse une satyre,
Ma Muse ne craint pas ce qu'il pourroit me dire,
Il n'est point de Rimeurs dans le sacré Valon
Qui ne puissent avoir l'organe d'Apollon.
Qu'il me traite, s'il veut, de fat, de temeraire,
Je pretends de chanter, je ne sçaurois me taire;
Si son divin esprit me traite avec mépris,
Je pourrois quelque jour luy disputer le prix:
Mais laissons-là B.. qu'il peste & qu'il fulmine,
Qu'il soit aimé des Grands, qu'il regne, & qu'il domine,
Puisque j'ay le bonheur d'etre dessous tes Loix,

Je pretends comme luy, de chanter tes exploits,
Tant de belles Vertus qu'on voit dans ta Personne,
Tant de soins que tu prends pour orner ta Couronne,
M'inspirent le dessein de publier ton Nom,
Et dire que LOUIS surpasse Agamennon.
Ce Prince Grec vangea la Femme de son Frere,
Et tu venges Grand Roy l'Epouse de ton Pere;
Et poursuivant par tout ses plus fiers Ennemis,
Te nomme avec raison son veritable Fils.
Sans Toy vaillant Heros, sans ta Sage conduite,
Nôtre commune Mere alloit étre détruite.
Ses Enfans mutinez s'arrachants de son sein,
Avoient formé contre Elle un injuste dessein,
Mais comme un bon Pilote au milieu de l'orage,
Pour rassûrer son Chef luy montre son courage,
De méme, Grand Monarque, au milieu du danger
Tu repousses les flots qui sembloient submerger
Cette Reine du Ciel, cette Mere Divine,
Qui tire du Sauveur son Illustre Origine:
Aussi le fier Calvin plus fougueux qu'un Demon,
Méme dans les Enfers fait éclater ton Nom,
Et disant au Serpent, le Monarque de France
Poursuit de toute part ma trepide puissance;
Son païs ne peut plus me fournir de Soldats,
Chacun craint, chacun fuit ses brillans Etendars.
Ce genereux Guerrier me tourmente & m'accable,
Si ton subtil esprit ne m'est plus favorable,
Prince, je te promets que dans moins de six mois,
Aucun de mes sujets reverera mes loix:
A ce mot le Demon d'un ton plein de furie,
Je tacheray, dit il, d'attenter sur sa vie,
Il ne viendra jamais à bout de son dessein,
Je pretends luy ravir le Sceptre de la main:
Mais tous ces vains discours ne servent qu'à luy nuire,
Un Prince tel que toy peut toûjours le dètruire,
Dieu qui conduit ton bras ne permettra jamais,
Qu'un de ses Favoris succombe à ses forfaits;
Ainsi poursuis toûjours ton Illustre entreprise,
Renverse Grand Bourbon les monstres de l'Eglise,
Et les ayant chassé de ton propre Païs,

Fais que par tout le Monde ils redoutent LOUIS.
Quoy Muse en doutez-vous? la Holande tremblante
Redoute la valeur de sa main Triomphante,
Et se résouvenant de ses tourmens passez,
Elle crie merci, Grand Prince c'est assez,
Voulez-vous derechef desoler mes Provinces,
Brûler mes Etendarts, faire captifs mes Princes?
Mais tous ces beaux discours sont vains & superflus,
LOUIS est irrité, ne les écoute plus:
Il veut de toute part détruire l'Heresie,
Et poursuivre Calvin tout le tems de sa vie,
Que cet écervelé se joigne avec Luther,
Qu'ils fassent leurs efforts pour sortir de l'Enfer,
Qu'ils aillent suborner les plus Grands de la terre,
Mon Prince vaincra tout dans cette juste guerre;
Soutenant le parti du Dieu qui le conduit,
Qui voudra desormais s'en prendre contre luy;
Il est vray que Nasseau ce Prince temeraire,
Soit par ambition, ou plutôt par colere,
Tache de faire voir sa trepide valeur:
Mais qui peut resister à ce fameux Vainqueur.
C'est un foudre irrité, qui renverse & qui brise
Tout ce qui veut tenter contre son entreprise,
Guillaume tu le sçais, souviens-toy qu'autrefois
Marchant sous les Drapeaux des foibles Holandois,
Tu voulois t'opposer à ce Prince indomptable,
Mais ta seule valeur te rendit deplorable,
Tu perdis ton bagage, & tes foibles Soldats,
Furent par nos François taillez de toutes parts:
Ainsi n'espere rien de ta lache entreprise,
Cesse pour ton honneur de t'en prendre à l'Eglise,
Elle a pour Protecteur le plus grand des Mortels,
Puis qu'il est sans mentir digne de nos Autels.
Oüy, Grand Roy, ta valeur demande nos homages,
Tu donnes l'epouvante aux plus vaillans courages.
L'Angleterre perfide à son Illustre Roy,
De tous les Souverains n'apprehende que Toy,
Quoy, dit-elle LOUIS protege nôtre Maître,
En moins de quatre mois luy remettra son Sceptre,
N'attendons pas qu'il vienne inonder nos Païs,

Conſervons nôtre Roſe, & ſuplions le Lys:
Rien ne peut reſiſter à ſa toute Puiſſance,
Chacun tremble au ſeul Nom du Monarque de France,
Les plus fameux Guerriers, les plus grands Potentats,
Apprenans ſes Exploits craignent pour leur Etats,
Ainſi ſuivons la Loy de nôtre Grand Monarque,
Abandonnons Naſſeau, qu'il ſubiſſe la parque:
Mais Luther qui ſoutient ce Prince infortuné,
Quoy leur dit-il, Anglois, l'avez vous Couronné,
Pour le laiſſer mourir deſſus une potence,
Seroit ce de ſes frais la ſeule recompenſe:
Il a tout hazardé pour vôtre liberté,
Pour vous méme ſon bien n'eſt pas en ſeureté,
Il vient de violer les droits de la nature,
Apres tant de bienfaits pretendez-vous qu'il meure,
Si vous obeïſſez à vôtre premier Roy,
Il vous obligera de quiter vôtre Foy:
Pour lors ce Peuple ingrat porté pour l'Hereſie,
Se laiſſe empoiſonner au venin de l'Impie,
Et répondant d'abord, mon Maître ne crains rien,
Vivant deſſous ta Loy ne ſuis-je pas Chrétien,
Pourrois-je abandonner la Secte Lutheriene,
Abatre mon Egliſe & reverer la ſiene?
Aller conter mon crime à des Hommes mortels,
Aux Pontifes Romains élever des Autels?
Ce n'eſt plus ces Paſteurs que mon ame veut ſuivre,
S'il faut quiter Luther je veux ceſſer de vivre,
A ce mot le Demon luy dit raſſeurez-vous,
Qui peut dans l'Univers reſiſter à mes coups?
Je puis s'il eſt beſoin armer toute la terre,
Entre tous les Chrétiens faire naître la guerre,
Et la deſunion des plus grands Potentats
Faira regner Naſſeau Maître dans vos Etats,
Ah! peuple infortuné, ou plutôt peuple injuſte!
Vôtre Roy legitime eſt ſecondé d'Auguſte,
Et quoy que Lucifer faſſe tous ſes efforts,
Vous le verrez bien-tôt deſcendre dans vos Ports,
Abatre vos Citez, renverſer vos murailles,
Et gagner ſur Naſſeau des illuſtres Batailles.
Oüy, Prince temeraire & trop ambitieux,

Ton Beau-Pere & LOUIS seront victorieux!
Tu cesseras bien-tôt de regner par le crime,
De tenir le haut rang d'un Prince magnanime!
Le Ciel te punira de tes laches forfaits,
Et tu seras un jour ôtage de la Paix
Fais sortir les Demons du centre de la terre,
Fais que tous les damnez s'arment pour cette guerre?
Tous leurs foibles efforts ne t'empecheront pas
De terminer tes jours par un honteux trépas:
Dieu ne souffrira point ta noire perfidie,
Tu ne pourras jamais assouvir ton envie.
LOUIS ce Grand Monarque enflamé du Seigneur,
Arrétera bien-tôt le cours de ta fureur,
Ses Vaisseaux sont en Mer, ses Troupes en campagne,
Pour t'arracher des mains l'Ecosse & la Bretagne.
Tu me diras peut étre en dépit des François,
Ne suis-je pas receu Monarque des Anglois?
Si le Ciel t'a souffert, & s'il te souffre encore,
S'il te laisse le bien d'un Prince qui l'adore,
C'est pour montrer à tous son pouvoir souverain,
En te faisant tomber le Sceptre de la main.
Dieu punit les tyrans en les faisant descendre,
Il souffrit quelque tems le crime d'Alexandre,
Et lors que l'Univers sembloit subir ses Loix,
Dieu le punit d'avoir détroné tant de Rois,
Et si Jule Cesar vainquit le Grand Pompée,
Finit tragiquement sa triste destinée:
Mais pourquoy te citer Alexandre & Cesar,
Ton crime n'est-il pas connu de toute part.
Dieu n'a jamais souffert un Prince plus severe,
On doute si Neron fut meurtrier de sa Mere;
Mais toy Prince enragé Disciple de Calvin,
Ne pretendois tu pas d'ensanglanter ta main,
Du sacré sang Royal, du Pere de ta Femme,
Et commettre par là le crime d'un infame?
Muse que dites vous ne l'a t'il pas commis,
En chassant ce Grand Roy de son propre Païs?
Et s'il n'a pas encore attenté sur sa vie,
N'a-t'il pas accompli le crime par envie?
Oüy Prince trop impie & digne de l'Enfer,

Protecteur de Calvin, sujet de Lucifer!
Chacun peut justement te nommer homicide,
Vray tyran, assacin, ou plutôt parricide:
Mais crains de tes forfaits le juste chastiment,
La valeur de ton Oncle & de LOUIS le Grand,
La Irlande est zelée à proteger son Maître,
Sa generosite te l'a bien fait paroître,
Elle ne peut avoir que de nobles desseins,
On la nomme à bon droit la vraye Isle des Saints,
Oüy, je m'adresse à toy Province fortunée,
Si tu defends ton Roy tu seras Couronnée,
Ton Nom sera loüé de toute éternité,
Tes Princes auront rang dans l'immortalité,
Muse n'en doutez point vous seriez criminelle,
Chacun vous blâmeroit de douter de son zele,
N'a t'elle pas détruit les Troupes du Demon,
Et méprisé Guillaume en luy brûlant son Nom?
N'a-t'elle pas bravé les dangers & la Parque,
Et receu dans ses Ports son Illustre Monarque.
Apres tant de valeur, de force & de vertu,
Combatra-t'elle pas comme elle a combatu?
N'en doutez nullement ma divine Déesse,
Ses Princes ne sont point capables de foiblesse,
Genereux Hibernois que vôtre sort est doux?
Combien d'autres sujets prendront exemple à vous:
L'Angleterre inconstante & perfide à son Prince,
Voudroit te ressembler venerable Province,
Quoy que sujette au crime enviera ton sort,
Sa conscience enfin luy dira qu'elle a tort,
De n'avoir pas servi son Prince legitime,
Les plus grands criminels ont horreur de leur crime.
Et les Milors soüillez d'un reproche eternel,
Voudroient avoir le cœur du brave Triconel,
Ce Prince vertueux par sa grande vaillance,
Se voit dans le haut rang des Cordons Bleus de France.
Et pour recompenser son illustre Valeur,
Mon Roy l'a depuis peu comblé d'un tel honneur:
Oüy brave Triconel, ta gloire est sans seconde,
De recevoir ce dons du plus Grand Roy du Monde.
Le perfide Chombert privé de son Bâton,

Te le cede déja pour accroître ton Nom :
Il doit se reprocher son crime abominable,
D'avoir quitté LOUIS pour suivre un miserable,
Et dire Triconel te surpasse en tout lieu,
Soit du côté de l'Homme, soit du côté de Dieu ;
Dans le tems que mon bras se declare perfide,
Le sien montre à son Prince un courage intrepide,
Et secondant LOUIS dans ses justes desseins,
Doit étre avec que luy dans le nombre des Saints ;
Oüy, vous avez acquis une gloire immortelle,
En faisant des Exploits dignes de vôtre zele,
Et suivant vôtre Prince, & vôtre Protecteur,
Quel rang n'avez-vous pas aupres du Createur.
Ainsi parle Chombert ce Prince trop impie,
Loüant dans Triconel une si belle vie :
Mais qui ne loüeroit un Heros tel que luy,
Puisque LOUIS le Grand luy donne son appuy,
Et puisque dans un temps que le Christianisme,
Soûtient mal a propos l'horreur du Calvinisme :
Ce brave Capitaine enflamé pour la Foy,
Soûtient avec qu'ardeur le party de son Roy.
Que ne limitez-vous fiers Milors de Bretagne,
Vous Princes d'Italie, & vous Ducs d'Alemagne,
Deviez vous declarer la guerre à mon Vainqueur,
Tandis que vous deviez seconder son grand Cœur :
Mais qu'avez-vous gagné dans ces injustes guerres ?
On brûle vos rampars, on desole vos terres,
Pouvez-vous resister au Monarque François?
Ressouvenez vous bien de ses derniers Exploits ?
Regardez sa Valeur, admirez ses Conquestes?
Et vous y trouverez vos Armées defaites,
Si vous voulez combatre en genereux Guerriers,
Allez sur l'Othoman remporter de Lauriers ?
Allez de toute part l'attaquer & l'abatre,
C'est là où le devoir vous oblige à combatre :
Mais s'en prendre à mon Roy toûjours Victorieux,
Qui combat sur la Terre afin de plaire aux Cieux,
Perdre tous vos Soldats par une injuste envie,
Et voir de tous côtez brûler la germanie,
C'est étre temeraire ou plutôt sans honneur,

tre noir procedé me donne de l'horreur.
ıoy, me répondrez-vous? devons-nous nous soûmétre;
ulez-vous que LOUIS deviene nôtre Maître?
ı! s'il eût autrefois poursuivi son bonheur,
uroit malgré vous le Sceptre d'Empereur,
ɔrsque le Grand-Seigneur avoit assiegé Viene,
ı'avoit que d'unir son Armée à la siene,
ɔur vous rendre d'abord Tributaire à sa Loy,
ais ce n'est pas, Messieurs, le penchant de mon Roy,
ı contraire, il s'offrit de vous étre propice,
'armer contre le Turc pour vous rendre service,
ependant Peuple ingrat pour prix de ses bienfaits,
ous rompez sans raison les actes de la Paix,
'étant pas satisfaits de vôtre perfidie,
ous incitez encor l'Espagne & l'Italie:
lais que pretendez-vous de ces deux Nations?
'une pourra donner des benedictions,
lais l'autre pourra-t'elle affermir sa Courone.
éja LOUIS le Grand a campé vers Girone,
es vaillants Maréchaux, ses Soldats irritez,
ans craindre aucun peril volent de tous côtez:
insi foible Monarque ose tu bien te prendre,
ce genereux Roy qui surpasse Alexandre?
rains de le voir bien-tôt paroître dans tes Mers,
mbraser tes Vaisseaux, charger de mille fers,
es Soldats effrayez de leurs pertes passées,
'avoir veu tant de fois tes Galeres brisées,
lais tous mes bons conseils ne sont plus de saison,
harles vous n'etes pas capable de raison?
ous ne devriez pas méme étre au rang des Monarques,
our porter ce beau Nom donnez nous en de marques?
uivez sans balancer l'exemple du Dauphin,
mitez sa Valeur, secondez son Dessein?
'est un Prince Guerrier, & tout le monde espere
Qu'il sera quelque jour aussi Grand que son Pere.
Les Alemans vaincus redoutent sa Valeur,
Philisbourg a receu les Loix d'un tel Vainqueur:
Ses rampars, ses canons, ses meurs, ses Citadelles,
Ont acquis à Bourbon de gloires immortelles:
Mais toy Prince craintif, où sont-ils tes Exploits,

Combien de Nations as-tu mis aux abois ?
Tu nous diras François fueilletez nos Histoires,
Vous y remarquerez nos Illustres Victoires,
Ah ! si tous tes Ayeuls ont fait quelque progrez,
Ce n'est pas leur valeur, c'est plutôt leurs forfaits.
Muse parlez des morts sans raconter leur crimes,
Ils ont été peut-être au rang de Magnanimes ;
Attaquez les vivans ? Non, non, c'est assez dit,
Ne laissons pas mon Roy de peur d'être interdit.
J'acheve Grand Heros, je finis cet Ouvrage,
Si mon Present te plaît j'en feray davantage.

FIN

www.ingramcontent.com/pod-product-compliance
Lightning Source LLC
LaVergne TN
LVHW012023170826
845678LV00004BA/1615
* 9 7 8 2 3 2 9 6 1 8 5 9 3 *